Min tvåspråkiga bilderbok
私のバイリンガル絵本

Sefas vackraste barnsagor i en volym

Ulrich Renz • Barbara Brinkmann:

Sov gott, lilla vargen ・ おおかみくんも ぐっすり おやすみなさい

För barn från 2 år

Cornelia Haas • Ulrich Renz:

Min allra vackraste dröm ・ わたしの とびっきり すてきな ゆめ

För barn från 2 år

Ulrich Renz • Marc Robitzky:

De vilda svanarna ・ のの はくちょう

Efter en saga av Hans Christian Andersen

För barn från 5 år

© 2024 by Sefa Verlag Kirsten Bödeker, Lübeck, Germany. www.sefa-verlag.de

Special thanks to Paul Bödeker, Freiburg, Germany

All rights reserved.

ISBN: 9783756305391

Anmärkning för studenter i japanska

We use a set of simple Kanji in the Japanese text of the book, beside Hiragana and Katakana. For beginners these Kanji are transcribed with Hiragana characters.

Example: 見(み)

In the appendix you will find the entire text of the book using the complete Kanji character set, as well as a latin transcription (Romaji) and a table of Hiragana and Katakana.

Have fun with this wonderful language!

Sefa Publishing

Sov gott, lilla vargen

おおかみくんも ぐっすり おやすみなさい

Ulrich Renz / Barbara Brinkmann

svenska — tvåspråkig — japanska

Översättning:

Katrin Bienzle Arruda (svenska)

Mari Freise-Sato (japanska)

Ljudbok och video:

www.sefa-bilingual.com/bonus

Fri tillgång med lösenordet:

svenska: **LWSV2831**

japanska: **LWJA1910**

God natt, Tim! Vi fortsätter att leta imorgon.
Sov nu så gott!

ティム、きょうは もうねようね。
またあした、いっしょに さがそうね。　おやすみなさい。

Det är redan mörkt ute.

そとは もう くらく なりました。

Vad gör Tim där?

でも ティムは なにを しているのでしょう?

Han går ut till lekplatsen.
Vad är det han letar efter?

ティムは、こうえんに でかけていきます。
なにを さがしに いくのでしょう？

Den lilla vargen!
Han kan inte sova utan den.

さがしていたのは、おおかみくんでした。
ティムは　おおかみくんが　いないと　ねむれません。

Vem är det nu som kommer?

あれ、こんどは だれが でてきたのでしょう？

Marie! Hon letar efter sin boll.

でてきたのは　マリーです。

マリーも　ボールを　さがしにきたのです。

Och vad letar Tobi efter?

こんどは　トビーが　でてきました。
なにを　さがしているのでしょう？

Sin grävmaskin.

さがしていたのは、ショベルカーです。

Och vad letar Nala efter?

ナーラも　なにかを　さがしに　やってきました。
なにを　さがしているのでしょう？

Sin docka.

それは おにんぎょうでした。

Måste inte barnen gå och lägga sig?
Undrar katten.

「みんな　おうちに　かえって、ねなくても　いいのかな。」
ねこさんは　とても　しんぱいに　なりました。

Vem kommer nu?

そして　また　やってきたのは。。。

Tims mamma och pappa!
Utan deras Tim kan de inte sova.

ティムの ママと パパです。
ママと パパも ティムが いないと ねむれません。

Och nu kommer ännu fler! Maries pappa.
Tobis morfar. Nalas mamma.

そして もっと たくさんの ひとが やってきました。
マリーの パパと、トビーの おじいさんと、ナーラの ママです。

Nu skyndar vi oss i säng!

さあ、はやく かえって いそいで ねよう！

God natt, Tim!
Imorgon behöver vi inte leta mer!

おやすみ、ティム。
あしたは　もう　さがさなくても　いいんだよ。

Sov gott, lilla vargen!

おおかみくんも　ぐっすり　おやすみなさい。

Here you find *Sleep Tight, Little Wolf* in a Kanji-enriched and a Romaji version.
The Romaji transcription uses a version of the Hepburn System.

おおかみくんのお話を、たくさん漢字を使ったテキストとローマ字の
テキストにしました。ローマ字は、ヘボン式で書きました。

おおかみくんも　ぐっすり　おやすみなさい
狼　　　　くんも　ぐっすり　お休み　なさい
Ôkami　　　kun　mo　gussuri　　oyasumi　nasai

ティム、きょうは もうねようね。またあした、いっしょに さがそうね。
ティム、今日　は もう寝ようね。また明日、　一緒　に 探そう　ね。
Timu、　　kyô　wa mô neyô　ne。Mata ashita、issho　ni sagasô　ne。

おやすみ なさい。
お休み　なさい。
Oyasumi　nasai 。

そとは　もう くらく なりました。
外　は　もう 暗く　なりました。
Soto wa　mô　kuraku narimashita。

でも ティムは　なにを しているのでしょう？
でも ティムは　何　をしているのでしょう？
Demo timu　wa　nani o shite iru nodeshô？

ティムは、こうえんに　でかけていきます。
ティムは、公園　に　出掛けていきます。
Timu wa、kôen ni dekakete ikimasu。

なにをさがしに　いくのでしょう？
何を　探し　に　行くのでしょう？
Nani o sagashi ni iku nodeshô？

さがしていたのは、おおかみくんでした。
探して　いたのは、狼　くんでした。
Sagashite ita no wa、ôkami kun deshita。

ティムは　おおかみくんが　いないと　ねむれません。
ティムは　狼　くんが　いないと　眠れません。
Timu wa ôkami kun ga inai to nemuremasen。

あれ、こんどは　だれが　でてきたのでしょう？
あれ、今度　は　誰　が　出て来たのでしょう？
Are、kondo wa dare ga dete kita nodeshô？

でてきたのは　マリーです。
出て来たのは　マリーです。
Dete kita no wa marî desu。

マリーも　ボールを　さがしにきたのです。
マリーも　ボールを　探し　に来たのです。
Marî mo bôru o sagashi ni kita nodesu。

こんどは　トビーが　でてきました。
今度　は　トビーが　出て来ました。
Kondo wa tobî ga dete kimashita。

なにを　さがして　いるのでしょう？
何　を　探して　いるのでしょう？
Nani o sagashite iru nodeshô？

さがしていたのは、ショベルカーです。
探して いたのは、ショベルカーです。
Sagashite ita no wa、shoberukâ desu。

ナーラも なにかを さがしに やってきました。
ナーラも 何か を 探し に 遣ってきました。
Nâra mo nani ka o sagashi ni yatte kimashita。

なにを さがして いるのでしょう？
何 を 探して いるのでしょう？
Nani o sagashite iru nodeshô？

それは おにんぎょうでした。
それは お人形 でした。
Sore wa o ningyô deshita。

「みんな おうちに かえって、ねなくても いいのかな。」
「みんな お家 に 帰って、 寝なくても 良いのかな。」
「Minna o uchi ni kaette、 nenakute mo ii no kana。」

ねこさんは とても しんぱいに なりました。
猫 さんは とても 心配 に なりました。
Neko san wa totemo shinpai ni narimashita。

そして また やってきたのは...
そして 又 遣ってきたのは...
Soshite mata yatte kita no wa...

ティムの ママ とパパです。
ティムの ママ とパパです。
Timu no mama to papa desu。

ママと パパも ティムが いないと ねむれません。
ママと パパも ティムが 居ないと 眠れません。
Mama to papa mo timu ga inai to nemuremasen。

そして もっと たくさんの ひとが やってきました。
そして もっと 沢山 の 人 が 遣ってきました。
Soshite motto takusan no hito ga yatte kimashita。

マリーの パパと、トビーの おじいさんと、ナーラの ママ です。
マリーの パパと、トビーの お爺 さんと、ナーラの ママ です。
Marî no papa to、tobî no ojii san to、nâra no mama desu。

さあ、はやく かえって いそいで ねよう！
さあ、早く 帰って 急いで 寝よう！
Sâ、 hayaku kaette isoide neyô！

おやすみ、ティム。
お休み、 ティム。
Oyasumi、timu。

あしたは もう さがさなくても いいんだよ。
明日 は もう 探さなくて も 良いんだよ。
Ashita wa mô sagasanakute mo iinda yo。

おおかみくんも ぐっすり おやすみなさい。
狼 くんも ぐっすり お休み なさい。
Ôkami kun mo gussuri oyasumi nasai。

Min allra vackraste dröm
わたしの とびっきり すてきな ゆめ

Cornelia Haas · Ulrich Renz

svenska　　　tvåspråkig　　　japanska

Lulu kan inte somna. Alla andra drömmer redan – hajen, elefanten, den lilla musen, draken, kängurun, riddaren, apan, piloten. Och lejonungen. Även björnen kan nästan inte hålla ögonen öppna ... Du björn, kan du ta med mig in i din dröm?

ルルは　ねむれません。
ほかの　ぬいぐるみたちは　もう
夢(ゆめ)を　見(み)ています——
サメや　ぞう、小(こ)ネズミ、
ドラゴン、カンガルー、
騎士(きし)、さる、パイロット。
それに、赤(あか)ちゃんライオン。
くまの　目(め)も　もう
とじかかっています。

くまさん、夢(ゆめ)の　中(なか)へ
つれてってくれるの？

Och med det så finner sig Lulu i björnarnas drömland. Björnen fångar fisk i Tagayumisjön. Och Lulu undrar, vem skulle kunna bo där uppe i träden? När drömmen är slut vill Lulu uppleva ännu mer. Följ med, vi hälsar på hajen! Vad kan han drömma om?

すると もう ルルは、くまの 夢(ゆめ)の 国(くに)の 中(なか)。
くまは タガユミ湖(こ)で 魚(さかな)を つっています。ルルは びっくり、
あの 木(き)の 上(うえ)に だれが すんでいるのだろう？夢(ゆめ)が おわる
と、ルルは もっと 見(み)たくなりました。
いっしょに おいでよ、サメのところへ いこう！どんな 夢(ゆめ)を
見(み)ているのかなあ？

Hajen leker tafatt med fiskarna. Äntligen har han vänner! Ingen är rädd för hans spetsiga tänder.

När drömmen är slut vill Lulu uppleva ännu mer. Följ med, vi hälsar på elefanten! Vad kan han drömma om?

サメは 魚(さかな)たちと 鬼(おに)ごっこをしています。やっと 友(とも)だちが
できたのです！だれも サメの とがった 歯(は)を こわがりません。
夢(ゆめ)が おわると、ルルは もっと 見(み)たくなりました。
いっしょに おいでよ、ぞうのところへ いこう！どんな 夢(ゆめ)を
見(み)ているのかなあ？

Elefanten är lika lätt som en fjäder och kan flyga! Snart landar han på den himmelska ängen.

När drömmen är slut vill Lulu uppleva ännu mer. Följ med, vi hälsar på den lilla musen! Vad kan hon drömma om?

ぞうは 羽毛(うもう)のように かるくなって、飛(と)ぶことができます!
ちょうど 空(そら)の 草(そう)げんに おり立(た)つところです。
夢(ゆめ)が おわると、ルルは もっと 見(み)たくなりました。
いっしょに おいでよ、小(こ)ネズミのところへ いこう! どんな 夢(ゆめ)を 見(み)ているのかなあ?

Den lilla musen är på ett tivoli. Mest gillar hon berg- och dalbanan.
När drömmen är slut vill Lulu uppleva ännu mer. Följ med, vi hälsar på
draken. Vad kan hon drömma om?

小(こ)ネズミは　えん日(にち)を　たのしんでいます。
一(いち)ばんの　おきにいりは　ジェットコースター。
夢(ゆめ)が　おわると、ルルは　もっと　見(み)たくなりました。
いっしょに　おいでよ、ドラゴンのところへ　いこう！　どんな　夢(ゆめ)を
見(み)ているのかなあ？

Draken är törstig av att ha sprutat eld. Hon skulle vilja dricka upp hela sockerdrickasjön.

När drömmen är slut vill Lulu uppleva ännu mer. Följ med, vi hälsar på kängurun! Vad kan hon drömma om?

ドラゴンは　火(ひ)を　たくさん　ふいたので、　のどが　かわいています。
レモネードの　湖(みずうみ)を　ぜんぶ　のみほせたら　さいこうだな。
夢(ゆめ)が　おわると、ルルは　もっと　見(み)たくなりました。
いっしょに　おいでよ、カンガルーのところへ　いこう！どんな　夢(ゆめ)を
見(み)ているのかなあ？

Kängurun hoppar genom godisfabriken och stoppar sin pung full. Ännu fler av de blåa karamellerna! Och ännu fler klubbor! Och choklad!
När drömmen är slut vill Lulu uppleva ännu mer. Följ med, vi hälsar på riddaren. Vad kan han drömma om?

カンガルーは あまい おかしの こうじょうを ぴょんぴょん とびまわって、
ふくろいっぱいに つめこんでいます。あおい あめ玉(だま)を もっと
たくさん！ぺろぺろキャンディーも もっと！それに チョコレートも！
夢(ゆめ)が おわると、ルルは もっと 見(み)たくなりました。
いっしょに おいでよ、騎士(きし)の ところへ いこう！どんな 夢(ゆめ)を
見(み)ているのかなあ？

Riddaren har tårtkrig med sin drömprinsessa. Oj! Gräddtårtan missar! När drömmen är slut vill Lulu uppleva ännu mer. Följ med, vi hälsar på apan! Vad kan han drömma om?

騎士(きし)は あこがれの 夢(ゆめ)の 王女(おうじょ)さまと トルテ投(な)げ
遊(あそ)びをしています。おっと！クリームトルテは あたりませんでした！
夢(ゆめ)が おわると、ルルは もっと 見(み)たくなりました。
いっしょに おいでよ、さるのところへ いこう！どんな 夢(ゆめ)を
見(み)ているのかなあ？

Äntligen har det snöat i aplandet! Hela apgänget är helt uppspelta och gör rackartyg.

När drömmen är slut vill Lulu uppleva ännu mer. Följ med, vi hälsar på piloten! I vilken dröm kan han ha landat i?

ついに さるの 国(くに)に 一(いち)どだけ 雪(ゆき)が ふりました!
さるたちは われを わすれて 大(おお)さわぎ。
夢(ゆめ)が おわると、ルルは もっと 見(み)たくなりました。
いっしょに おいでよ、パイロットのところへ いこう!どんな 夢(ゆめ)に ちゃくりくしたのかなあ?

Piloten flyger och flyger. Ända till världens ände och ännu längre, ända till stjärnorna. Ingen pilot har någonsin klarat av detta tidigare.
När drömmen är slut så är alla väldigt trötta och känner inte för att uppleva mycket mer. Men lejonungen vill de fortfarande hälsa på. Vad kan hon drömma om?

パイロットは　どんどん　飛(と)んでいきます。せかいの　はてまで、さらに　もっと　とおく星(ほし)ぼしのところまで。そんなことを　やりとげた　パイロットは　ほかにいません。
夢(ゆめ)が　おわると、みんな　もう　くたくたで、もう　そんなに　たくさん　見(み)たくありません。それでも　赤(あか)ちゃんライオンのところへは　いきたいな。どんな　夢(ゆめ)を　見(み)ているのかなあ？

Lejonungen har hemlängtan och vill tillbaka till sin varma mysiga säng.
Och de andra med.

Och där börjar ...

赤(あか)ちゃんライオンは　ホームシックにかかって、あたたかい
ふわふわの　ベッドに　もどりたがっています。それに　ほかの　みんなも。

そして　これから　はじまるのは……

... Lulus
allra vackraste dröm.

……ルルの
とびっきり　すてきな　夢(ゆめ)。

Here is Lulu's story in a Kanji-enriched and a Romaji version.
The Romaji transcription uses a version of the Hepburn System.

ルルのお話を、たくさん漢字を使ったテキストとローマ字のテキストにしました。
ローマ字は、ヘボン式で書きました。

わたしの　とびっきり　すてきな　ゆめ
私　の　とびっきり　素敵な　夢
Watashi no　tobikkiri　sutekina　yume

ルルは　ねむれません。ほかの　みんなは　もう　ゆめを　みています。
ルルは　眠れません。　他の　みんなは　もう夢　を　見ています。
Ruru wa　nemuremasen。　Hoka no　minna wa　mô　yume o　mite imasu。

サメや　ぞう、こネズミ、ドラゴン、カンガルー、きし、さる、パイロット。
鮫や　象、　小鼠、　　ドラゴン、カンガルー、騎士、猿、　パイロット。
Same ya　zô、　konezumi、　doragon、kangarû、　kishi、saru、pairotto。

それに、あかちゃんライオン。くまのめも、もうとじかかっています。
それに、赤ちゃん　ライオン。熊　の目も、もう閉じかかっています。
Soreni、　akachan　raion。　Kuma no me mo、mô　toji kakatte　imasu。

くまさん、ゆめの　なかへ　つれてって　くれるの？
熊　さん、夢　の中　へ　連れてって　くれるの？
Kuma san、　yume no naka e　tsuretette　kureru no ?

すると　もう　ルルは、くまの　ゆめのくにの　なか。
すると　もう　ルルは、熊　の　夢　の　国　の　中。
Suruto　mô　ruru wa、kuma no　yume no kuni no naka。

くまは　タガユミこで　さかなを　つっています。
熊　は　タガユミ湖で　魚　を　釣っています。
Kuma wa　tagayumi-ko de　sakana o　tsutte imasu。

ルルは　びっくり、あの　きのうえに　だれが　すんでいるのだろう？
ルルは　びっくり、あの　木の上に　誰が　住んでいるのだろう？
Ruru wa　bikkuri、　ano　ki no ue　ni　dare ga　sunde　iru　no darô ?

ゆめがおわると、ルルは　もっと　みたくなりました。
夢　が終わると、ルルは　もっと　見たくなりました。
Yume ga owaru to、ruru wa　motto　mitaku　narimashita。

いっしょに　おいでよ、サメの　ところへ　いこう！
一緒　に　おいでよ、鮫　の所　へ　行こう！
Issho ni oide yo、 same no tokoro e ikô！

どんな　ゆめを　みているのかなあ？
どんな　夢　を　見ているのかなあ？
Donna yume o mite iru no kanâ？

サメは　さかなたちと　おにごっこを　しています。
鮫　は　魚　たちと　鬼　ごっこを　しています。
Same wa sakana tachi to oni gokko o shite imasu。

やっと　ともだちが　できたのです！
やっと　友達　が　出来たのです！
Yatto tomodachi ga dekita nodesu！

だれも　サメの　とがった　はを　こわがりません。
誰　も　鮫　の　尖った　歯を　怖がりません。
Dare mo same no togatta ha o kowagarimasen。

ゆめがおわると、ルルは　もっと　みたくなりました。
夢　が終わると、ルルは　もっと　見たくなりました。
Yume ga owaru to、 ruru wa motto mitaku narimashita。

いっしょに　おいでよ、ぞうのところへ　いこう！
一緒に　　　おいでよ、象　の所　へ　行こう！
Issho ni oide yo、 zô no tokoro e ikô！

どんな　ゆめを　みているのかなあ？
どんな　夢　を　見ているのかなあ？
Donna yume o mite iru no kanâ？

ぞうは　うもうのように　かるくなって、とぶことが　できます！
象　は　羽毛　の様　に　軽くなって、　飛ぶ事　が　出来ます！
Zō wa umô no yô ni karukunatte、 tobukoto ga dekimasu！

ちょうど　そらのそうげんに　おりたつ　ところ　です。
ちょうど　空　の草原　　に　降り立つ　所　　です。
Chôdo sora no sôgen ni oritatsu tokoro desu。

ゆめが おわる と、ルルは　もっと　みたく なりました。
夢　が 終わる と、ルルは　もっと　見たく なりました。
Yume ga owaru　to、ruru wa　motto　mitaku narimashita。

いっしょに　おいでよ、コネズミの ところへ　いこう！
一緒　　に　おいでよ、小鼠　　の 所　へ 行こう！
Issho ni　　oide　yo、konezumi　no tokoro　e　ikô！

どんな　ゆめを　みて いる の かなあ？
どんな　夢　を　見て いる の かなあ？
Donna　yume o　mite iru　no kanâ？

コネズミは　えんにちを　たのしんで います。
小鼠　　は　縁日　　を　楽しんで　います。
Konezumi wa　en-nichi　o　tanoshinde　imasu。

いちばんの　おきにいりは　ジェットコースター。
一番　　の　お気に入りは　ジェットコースター。
Ichiban　no　okiniiri　　wa　jettokôsutâ。

ゆめが おわる と、ルルは　もっと　みたく なりました。
夢　が 終わる と、ルルは　もっと　見たく なりました。
Yume ga owaru　to、ruru wa　motto　mitaku narimashita。

いっしょに　おいでよ、ドラゴンの ところへ　いこう！
一緒　　に　おいでよ、ドラゴンの 所　　へ　行こう！
Issho　ni　oide　yo、doragon　no tokoro　e　ikô！

どんな　ゆめを　みて いる の かなあ？
どんな　夢　を　見て いる の かなあ？
Donna　yume o　mite iru　no kanâ？

ドラゴンは　ひを　たくさん　ふいた ので、　のどが　かわいて います。
ドラゴンは　火を　沢山　　　吹いた ので、　喉　が　乾いて　います。
Doragon　wa　hi o　takusan　　fuita　node、　nodo ga　kawaite　imasu。

レモネードの　みずうみを　ぜんぶ　のみほせたら　さいこうだ　な。
レモネードの　湖　　　を　全部　　飲み干せたら　最高だ　　　な。
Remonêdo　no　mizu-umi o　zenbu　nomihosetara　saikôda　　na。

ゆめが おわる と、ルルは　もっと　みたく なりました。
夢　が 終わる と、ルルは　もっと　見たく なりました。
Yume ga owaru　to、ruru wa　motto　mitaku narimashita。

いっしょに おいでよ、カンガルーの ところへ いこう！
一緒 に おいでよ、カンガルーの 所 へ 行こう！
Issho ni oide yo、kangarû no tokoro e ikô！

どんな ゆめを みて いるの かなあ？
どんな 夢 を 見て いるの かなあ？
Donna yume o mite iru no kanâ？

カンガルーは あまい おかしの こうじょうを ぴょんぴょん
カンガルーは 甘い お菓子の 工場 を ぴょんぴょん
Kangarû wa amai okashi no kôjô o pyonpyon

とびまわって、ふくろ いっぱいに つめこんで います。
飛び回って、 袋 一杯 に 詰め込んで います。
tobimawatte、 fukuro ippai ni tsumekonde imasu。

あおい あめだまを もっと たくさん！
青い 飴 玉 を もっと 沢山！
Aoi ame dama o motto takusan！

ぺろぺろ キャンディーも もっと！
ぺろぺろ キャンディーも もっと！
Peropero kyandî mo motto！

それに チョコレートも！
それに チョコレートも！
Sore ni chokorêto mo！

ゆめが おわる と、ルルは もっと みたく なりました。
夢 が 終わる と、ルルは もっと 見たく なりました。
Yume ga owaru to、 ruru wa motto mitaku narimashita。

いっしょに おいでよ、きしの ところへ いこう！
一緒に おいでよ、 騎士の 所 へ 行こう！
Issho ni oide yo、 kishi no tokoro e ikô！

どんな ゆめを みて いるの かなあ？
どんな 夢 を 見て いるの かなあ？
Donna yume o mite iru no kanâ？

きしは あこがれ の ゆめ の おうじょ さま と
騎士は 憧れ の 夢 の 王女 様 と
Kishi wa akogare no yume no ôjo sama to

トルテ なげ あそびを しています。
トルテ 投げ 遊び を しています。
torute nage asobi o shite imasu。

おっと！クリームトルテは あたりません でした！
おっと！クリームトルテは 当たりません でした！
Otto！ Kurîmutorute wa atarimasen deshita！

ゆめ が おわる と、ルル は もっと みたく なりました。
夢 が 終わる と、ルル は もっと 見たく なりました。
Yume ga owaru to、ruru wa motto mitaku narimashita。

いっしょに おいでよ、さるの ところへ いこう！
一緒に おいでよ、猿 の 所 へ 行こう！
Issho ni oide yo、saru no tokoro e ikô！

どんな ゆめを みている のかなあ？
どんな 夢 を 見ている のかなあ？
Donna yume o mite iru no kanâ？

ついに さるのくにに いちどだけ ゆきが ふりました！
遂に 猿 の 国 に 一度だけ 雪 が 降りました！
Tsuini saru no kuni ni ichidodake yuki ga furimashita！

さるたちは われを わすれて おおさわぎ。
猿 達 は 我 を 忘れて 大騒ぎ。
Saru tachi wa ware o wasurete ôsawagi。

ゆめ が おわる と、ルル は もっと みたく なりました。
夢 が 終わる と、ルル は もっと 見たく なりました。
Yume ga owaru to、ruru wa motto mitaku narimashita。

いっしょに おいでよ、パイロットのところへ いこう！
一緒 に おいでよ、パイロットの所 へ 行こう！
Issho ni oide yo、pairotto no tokoro e ikô！

どんな ゆめに ちゃくりく したのかなあ？
どんな 夢 に 着陸 したのかなあ？
Donna yume ni chakuriku shita no kanâ？

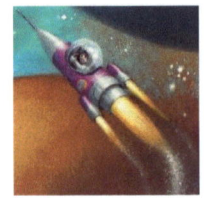

パイロットは　どんどん　とんで　いきます。
パイロットは　どんどん　飛んで　行きます。
Pairotto　wa　dondon　tonde　ikimasu。

せかいの　はてまで、さらに　もっと　とおくの ほしぼしの ところ まで。
世界 の　果てまで、更 に　もっと　遠く の 星々　の 所　まで。
Sekai　no　hate made、sara ni　motto　tôku　no hoshiboshi no tokoro　made。

そんな　ことを　やりとげた　パイロットは　ほかに　いません。
そんな　事 を　やり遂げた　パイロットは　他 に　いません。
Sonna　koto o　yaritogeta　pairotto　wa　hoka ni　imasen。

ゆめが おわる と、ルル は　もっと　みたく なりました。
夢　が 終わる と、ルル は　もっと　見たく なりました。
Yume ga owaru　to、ruru　wa　motto　mitaku narimashita。

もう　そんなに　たくさん　みたく　ありません。
もう　そんなに　沢山　見たく　ありません。
Mô　sonnani　takusan　mitaku　arimasen。

それでも　あかちゃんライオンのところへは　いきたい な。
それでも　赤ちゃん　ライオンの 所　へは　行きたい な。
Soredemo　akachan　raion　no tokoro e wa　ikitai　na。

どんな　ゆめを　みているのかなあ？
どんな　夢 を　見ているのかなあ？
Donna　yume o　mite iru　no kanâ？

あかちゃんライオンは　ホームシックに　かかって、あたたかい　ふわふわの
赤ちゃん　ライオンは　ホームシックに　罹って、　暖かい　　ふわふわの
Akachan　raion　wa　hômushikku　ni　kakatte、atatakai　fuwafuwa no

ベッドに　もどりたがっています。それに　ほかの　みんなも。
ベッドに　戻りたがって　います。それに　他 の　みんなも。
beddo ni　modoritagatte　imasu。Soreni　hoka no　minna mo。

そして　これから　はじまるのは……
そして　これから　始まる のは……
Soshite　korekara　hajimaru　no wa……

……ルルの　とびっきり　すてきな　ゆめ。
……ルルの　とびっきり　素敵な　夢。
……ruru no　tobikkiri　sutekina　yume。

Ulrich Renz • Marc Robitzky

De vilda svanarna
のの はくちょう

Efter en saga av

Hans Christian Andersen

svenska — tvåspråkig — japanska

Det var en gång tolv kungabarn–elva bröder och en storasyster, Elisa. De levde lyckliga i ett underbart vackert slott.

むかしむかし、十二人(じゅうににん)の 王(おう)さまの こどもたちが ありました。十一人(じゅういちにん)の おとこの きょうだいと あねの エリザです。すばらしく うつくしい お城(しろ)に しあわせに くらしていました。

En dag dog modern, och efter en tid gifte sig kungen på nytt. Men den nya kvinnan var en elak häxa. Hon förtrollade de elva prinsarna så att de blev svanar och skickade dem långt bort till ett fjärran land bakom den stora skogen.

ある日(ひ)、おかあさまが なくなってしまいました。しばらく
すると、王(おう)さまは あたらしい おきさきを むかえました。
ところが、そのおきさきは わるい 魔女(まじょ)でした。
十一人(じゅういちにん)の 王子(おうじ)を 魔法(まほう)で
はくちょうに かえて、大(おお)きな 森(もり)の むこうの
とおい 国(くに)へ おいはらってしまいました。

Flickan klädde hon i trasor och smörjde in henne med en ful salva i ansiktet så att den egna fadern inte längre kände igen henne och jagade bort henne från slottet. Elisa sprang in i den mörka skogen.

おきさきは むすめに ぼろを きせ、みにくい ぬりぐすりを 顔(かお)に すりこみました。すると、じつの おとうさまでさえ むすめが わからなくなって お城(しろ)から おいだしてしまいました。
エリザは くらい 森(もり)の 中(なか)へ かけこみました。

Nu var hon helt ensam och längtade efter hennes försvunna bröder med hela sitt hjärta. När det blev kväll bäddade hon en säng av mossa under träden.

エリザは 今(いま)、ひとりぼっちになって、いなくなった きょうだいたちを 心(こころ)から 恋(こい)しがりました。晩(ばん)に なると、木(き)の 下(した)に 苔(こけ)の ベッドを こしらえました。

Nästa morgon kom hon fram till en lugn sjö och blev förskräckt när hon däri såg sin spegelbild. Men efter att hon hade tvättat sig var hon det vackraste kungabarnet på jorden.

つぎの朝(あさ)、エリザは ひっそりとした みずうみに やってきました。そして 水面(すいめん)に うつった 顔(かお)を みて びっくりしました。けれども 水(みず)で あらうと、エリザより うつくしい 王(おう)さまの こどもは、このよに ふたりとは ありませんでした。

Efter många dagar nådde Elisa det stora havet. På vågorna gungade elva svanfjädrar.

いく日(にち)も いく日(にち)も かかって、エリザは 大(おお)きな 海(うみ)に たどりつきました。なみに 十一(じゅういち)まいの はくちょうの はねが ゆられていました。

När solen gick ner hördes ett sus i luften och elva vilda svanar landade på vattnet. Elisa kände genast igen sina förtrollade bröder. Men för att dom talade svanspråket kunde hon inte förstå dem.

お日(ひ)さまが しずむと、空中(くうちゅう)で ばさっばさっと
音(おと)がして、十一羽(じゅういちわ)の 野(の)の はくちょうが
水面(すいめん)に まいおりました。エリザは すぐに
魔法(まほう)を かけられた きょうだいたちだと きづきました。
けれども、はくちょうの ことばが はなせなかったので、
きょうだいたちの いうことは わかりませんでした。

På dagen flög svanarna bort, under natten kurade syskonen ihop sig i en grotta.

En natt hade Elisa en besynnerlig dröm: Hennes mor sade till henne hur hon kunde befria sina bröder. Av nässlor skulle hon sticka en skjorta för varje svan och dra den över den. Men tills dess får hon inte tala ett enda ord, annars måste hennes bröder dö.
Elisa började genast med arbetet. Trots att hennes händer sved som brända med eld stickade hon outtröttligt.

昼(ひる)のあいだ、はくちょうは どこかへ とんでいきました。夜(よる)になると エリザと きょうだいたちは、ほら穴(あな)の中(なか)で 身(み)を よせあって あたたまりました。

ある夜(よ)、エリザは ふしぎな ゆめを みました。おかあさまが きょうだいたちを すくう ほうほうを おしえてくれたのです。「イラクサで 一羽一羽(いちわいちわ)に シャツを 編(あ)んで はくちょうに なげかけなさい。ただし、そのときまでは だれとも 口(くち)を きいては いけませんよ。さもないと、きょうだいたちは しんでしまうでしょう。」
エリザは すぐにしごとに とりかかりました。手(て)が イラクサの とても 小(ちい)さな トゲから でる えきで 焼(や)けつくように いたみましたが、がまんして 編(あ)みつづけました。

En dag ljöd jakthorn i fjärran. En prins kom ridande med sitt följe och stod snart framför henne. När de såg in i varandras ögon blev de förälskade i varandra.

ある日(ひ) とおくで、かりの つのぶえが なりひびきました。王子(おうじ)が おともの けらいと、馬(うま)に のって ちかづいてきたかと おもうと、もう エリザの まえに たっていました。
二人(ふたり)は おたがいの 目(め)が あった しゅんかん すきになりました。

Prinsen lyfte upp Elisa på sin häst och red med henne till sitt slott.

王子(おうじ)は エリザを じぶんの 馬(うま)に のせて、お城(しろ)に つれてかえりました。

Den mäktige skattmästaren var allt annat än glad över ankomsten av den stumma vackra. Hans egen dotter skulle bli prinsens brud.

いつも いばっている
たからものがかりは、口(くち)の
きけない うつくしい 人(ひと)が
お城(しろ)に ついたとき、まったく
よろこびませんでした。じぶんの
むすめが 王子(おうじ)の はなよめに
なるべきだと おもっていたのです。

Elisa hade inte glömt sina bröder. Varje kväll fortsatte hon att arbeta med skjortona. En natt gick hon ut till kyrkogården för att hämta färska nässlor. Samtidigt blev hon hemligt iakttagen av skattmästaren.

エリザは きょうだいたちのことを わすれてはいませんでした。
まい晩(ばん) シャツを 編(あ)みつづけたのです。
ある夜(よ)、しんせんな イラクサを とりに 墓地(ぼち)へ でかけていきました。そのとき、たからものがかりが こっそり エリザを 見(み)ていました。

Så snart som prinsen var på en jaktutflykt lät skattmästaren slänga Elisa i fängelsehålan. Han hävdade att hon var en häxa som mötte andra häxor på natten.

王子(おうじ)が かりに でかけると すぐ、たからものがかりは エリザを ろうやに いれてしまいました。
エリザは 魔女(まじょ)で、夜(よる)に ほかの 魔女(まじょ)と あっていると いうのです。

I gryningen blev Elisa hämtad av vakterna. Hon skulle brännas på torget.

夜(よ)あけに みはりが エリザを むかえに きました。市(いち)の たつ ひろばで 火(ひ)あぶりに されることに なっていました。

De hade knappast kommit fram när plötsligt elva vita svanar kom flygande. Snabbt drog Elisa en nässelskjorta över var och en. Snart stod alla hennes bröder framför henne som människofigurer. Bara den yngsta, vars skjorta inte hade blivit helt färdig, behöll en vinge istället för en arm.

エリザが ひろばに つくやいなや、どこからともなく
十一羽(じゅういちわ)の まっ白(しろ)な はくちょうが
とんできました。
エリザは すばやく 一羽一羽(いちわいちわ)に イラクサの シャツを
なげかけました。やがて、きょうだいたちは みんな 人間(にんげん)
の すがたに もどって、エリザの まえに たっていました。いちばん
すえの きょうだいだけは シャツが できあがらなかったので、
かたほうの うでが まだ つばさの ままでした。

Syskonens kramande och pussande hade inte tagit slut än när prinsen kom tillbaka. Äntligen kunde Elisa förklara alltihopa. Prinsen lät den elake skattmästaren slängas i fängelsehålan. Och sedan firade de bröllop i sju dagar.

Och så levde de lyckliga i alla sina dagar.

エリザたちが まだ、だきあったり キスしたりして
よろこんでいたとき、王子(おうじ)が もどってきました。
エリザは やっと 王子(おうじ)に 今(いま)までのことを のこらず
はなすことができました。
王子(おうじ)は わるい たからものがかりを ろうやに いれました。
それから、七日間(なのかかん)、けっこんしきが とりおこなわれ
ました。

めでたし めでたし。

Hans Christian Andersen

Hans Christian Andersen was born in the Danish city of Odense in 1805, and died in 1875 in Copenhagen. He gained world fame with his literary fairy-tales such as „The Little Mermaid", „The Emperor's New Clothes" and „The Ugly Duckling". The tale at hand, „The Wild Swans", was first published in 1838. It has been translated into more than one hundred languages and adapted for a wide range of media including theater, film and musical.

Here is *The Wild Swans* in a Kanji-enriched and a Romaji version.

The Romaji transcription uses a version of the Hepburn System.

ののはくちょうのお話を、たくさん漢字を使ったテキストとローマ字のテキストに

ローマ字は、ヘボン式で書きました。

のの はくちょう
野の 白鳥
No no hakuchô

むかしむかし、　じゅうに にんの おうさまの こども　たち が ありました。
昔々、　　　　十二　　人　の 王様　　の 子　　　供達 が ありました。
Mukashi mukashi、jûni　　nin　no ôsama　no kodomo tachi ga arimashita。

じゅういちにんの おとこの きょうだいと あねの エリザです。
十一　　　　人　の 男　の 兄弟　　　と 姉 の エリザです。
Jûichi　　nin no otoko no kyôdai　　to ane no eriza　desu。

すばらしく うつくしい おしろに しあわせに くらしていました。
素晴らしく 美しい　　お城 に 幸せ　　に 暮らしていました。
Subarashiku utsukushii　oshiro ni shiawase ni kurashite imashita。

あるひ、おかあさまが なくなってしまいました。
ある日、お母様　　が 亡くなってしまいました。
Aruhi、　okâsama　ga nakunatte　shimaimashita。

しばらくすると、おうさまは あたらしい おきさきを むかえました。
暫らく　する と、王様　　は 新しい　　お后　　を 迎えました。
Shibaraku suruto、ôsama　wa atarashii　okisaki　o mukaemashita。

ところが、そのおきさきは わるい まじょ でした。
所　　が、そのお后　　は 悪い　魔女　でした。
Tokoro ga、sono okisaki　wa warui　majo　deshita。

じゅういち にんの おうじ をまほうで はくちょうに かえて、
十一　　　人　の 王子　を 魔法　で 白鳥　　　に 変えて、
Jûichi　　nin　no ôji　o mahô de hakuchô　ni kaete、

おおきな もりの　　むこうの とおいくにへ おいはらって しまいました。
大きな　森 の　　向こうの 遠い　国 へ 追い払って　しまいました。
ôkina　　mori no　　mukô　no tôi　　kuni e　oiharatte　　shimaimashita。

おきさきは むすめ に ぼろを きせ、みにくい ぬりぐすりを かおに すりこみました。
お后　は 娘　　にボロを 着せ、醜い　　塗り薬　を 顔 に 擦り込みました。
Okisaki wa　musume ni boro o kise、minikui　 nurigusuri　o kao　ni　surikomimashita。

すると、じつの おとうさまで さえ むすめ がわからなく なっておしろ から
すると、実 の お父様で　　　さえ 娘　　がわからなく なってお城　から
Suruto、jitsu no o tôsamade　sae　musume ga wakaranaku natte　oshiro kara

おいだしてしまいました。
追い出してしまいました。
oidashite　shimaimashita。

エリザは くらい もりの なか へ かけこみました。
エリザは 暗い　森 の 中　へ 駆け込みました。
Eriza wa　　kurai　mori no naka e　kakekomimashita。

エリザは いま、ひとりぼっちに なって、
エリザは 今、　一人ぼっち　になって、
Eriza　wa ima、　hitoribocchi　ni natte、

いなくなった きょうだい たちを こころから こいし がりました。
居なくなった 兄弟　　　達 を 心から　　恋し　がりました。
inakunatta　kyôdai　　tachi o　kokorokara　koishi　garimashita。

ばんに なると、きのしたに こけの ベッドを こしらえました 。
晩　になると、木の下 に 苔 のベッドをこしらえました。
Ban ni naruto、　ki no shita ni koke no beddo　o koshiraemashita。

つぎのあさ、エリザは ひっそりとした みずうみに やってきました。
次 の 朝、　エリザは ひっそりとした 湖　　　に 遣ってきました。
Tsugi no asa、　eriza wa hissori　to shita mizuumi ni yatte　kimashita。

そしてすいめんに うつったかおを みて びっくりしました。
そして 水面　に 映った　顔 を 見て びっくりしました。
Soshite suimen　ni　utsutta　kao o　mite bikkuri　shimashita。

けれども みず　　で あらうと、エリザより うつくしい おうさまの こども は、
けれども 水　　　で 洗う　と、エリザより 美しい　　王様　　　の 子供　は、
Keredomo mizu　　de arau　to、eriza　yori utsukushii　ôsama　　no kodomo wa、

このよに ふたりとは　ありませんでした。
この世に 二人　とは　ありませんでした。
konoyo ni futari　to wa arimasen　deshita。

いく にちも　いくにちも　かかって、エリザは おおきな うみ に たどり つきました。
幾日　　も 幾日　　も 掛かって、エリザは 大きな　　海　に 辿り　着きました。
Ikunichi　mo ikunichi　mo kakatte、eriza wa ôkina　　umi ni tadori tsukimashita。

なみ に じゅういち まいの はくちょうの はね が ゆられて いました。
波　に 十一　　枚　の 白鳥　　　の 羽　が 揺られて いました。
Nami ni jûichi　　mai no hakuchô　　no hane ga yurarete　imashita。

おひさまが しずむ　と、くうちゅうで ば さっばさっと おと がして、
お日様　が 沈む　　と、空中　　　で ば さっばさっと 音　がして、
Ohisama ga　shizumu to、kûchû　　de ba sabba　satto　oto ga shite、

じゅういちわ の の の はくちょうが すいめん に まいおりました。
十一　　　羽 の 野の白鳥　　　が 水面　　に 舞い降りました。
jûichi　　　wa no no no hakuchô　　ga suimen　　ni maiorimashita。

エリザは すぐに まほう を かけられた きょうだいたちだ と きづきました。
エリザは 直ぐに 魔法　を 掛けられた 兄弟　　　達だ　と 気づきました。
Eriza　wa sugu ni mahô　o kakerareta　kyôdai　　tachida to kizukimashita。

けれども、はくちょうの ことば が はなせなかったので、きょうだいたちの いうこと は
けれども、白鳥　　　の 言葉　が 話せなかった　ので、兄弟　　　達　の 言う事　は
Keredomo、hakuchô　　no kotoba ga hanasenakatta　node、kyôdai　　tachi no iu　koto wa

わかりませんでした。
解りません　でした。
wakarimasen　deshita。

ひる の あいだ、はくちょうは どこか へ とんで いきました。
昼　の 間、　　白鳥　　　は 何処か へ 飛んで 行きました。
Hiru no aida、　　hakuchô　　wa dokoka e tonde　ikimashita。

よる になると エリザと きょうだいたちは、ほらあな の なか で み を
夜　になると エリザと 兄弟　　　達 は、洞穴　　の 中　で 身を
Yoru ni naru to eriza to kyôdai tachi wa、horaana no naka de mi o

よせあって あたたまりました。
寄せ合って 暖まりました。
yoseatte atatamarimashita。

ある よ、エリザは ふしぎな ゆめ を みました。
ある 夜、エリザは 不思議な 夢　を 見ました。
Aru yo、eriza wa fushigina yume o mimashita。

おかあさまが きょうだいたち を すくう ほうほう を おしえて くれたのです。
お母様　　が 兄弟　　　達 を 救う 方法　　を 教えて くれたのです。
Okâsama ga kyôdai tachi o sukû hôhô o oshiete kureta nodesu。

「イラクサで いちわいちわ に シャツを あんで はくちょうに なげかけなさい。
「刺草　で 一羽　一羽　に シャツを 編んで 白鳥　　に 投げ掛けなさい。
「Irakusa de ichiwa ichiwa ni shatsu o ande hakuchô ni nage kakenasai。

ただし、そのときまで は だれとも くち を きいては いけませんよ。
但し、　その 時　までは 誰　とも 口　を 利いては いけませんよ。
Tadashi、sono toki made wa dare tomo kuchi o kiite wa ikemasen yo。

さもないと、きょうだいたち は　しんでしまうでしょう。」
さもないと、兄弟　　　達　は　死んでしまうでしょう。」
Sa mo nai to、kyôdai tachi wa shinde shimaudeshô。」

エリザはすぐに しごと に とりかかりました。
エリザは 直ぐに 仕事　に 取り掛かりました。
Eriza wa suguni shigoto ni torikakarimashita。

てが イラクサの とても ちいさな トゲ から でる えき で やけつく ように
手が 刺草　のとても 小さな　棘　から 出る 液 で 焼け付く 様 に
Te ga irakusa no totemo chiisana toge kara deru eki de yaketsuku yô ni

いたみましたが、がまんして あみ　つづけました。
痛みました　が、我慢 して 編み　続けました。
Itamimashita ga、gaman shite ami tsuzukemashita。

あるひ とおくで、かりの つのぶえ が なりひびきました。
ある日 遠くで、 狩りの 角笛 が 鳴り響きました。
Aruhi tôkude、 kari no tsunobue ga narihibikimashita。

おうじ が おとも の けらい と、うま に のって ちかづいて きたかと おもうと、
王子 がお伴 の家来 と、馬 に 乗って 近づいて 来たかと 思う と、
Ôji ga otomo no kerai to、uma ni notte chikazuite kita ka to omô to、

もう エリザの まえに たっていました。
もうエリザの 前 に 立っていました。
mô eriza no mae ni tatte imashita。

ふたり は おたがい の め が あった しゅんかん すき に なりました。
二人 は お互い の 目 が 合った 瞬間 好きに なりました。
Futari wa otagai no me ga atta shunkan suki ni narimashita。

おうじ は エリザを じぶんの うま に のせて、おしろに つれて かえりました。
王子 はエリザを 自分 の 馬 に 乗せて、お城 に 連れて 帰りました。
Ôji wa eriza o jibun no uma ni nosete、oshiro ni tsurete kaerimashita。

いつも いばっている たからもの がかりは、くち の きけない うつくしい ひとが
何時も 威張っている 宝物 係 は、口 の 利けない 美しい 人 が
Itsumo ibatte iru takaramono gakari wa、kuchi no kike nai utsukushii hito ga

おしろに ついたとき、まったく よろこびませんでした。
お城 に 着いた 時、全く 喜びません でした。
oshiro ni tsuita toki、mattaku yorokobimasen deshita。

じぶんの むすめ が おうじ の はなよめに なるべきだと おもって いたのです。
自分 の娘 が王子 の花嫁 に 為るべきだと 思って いたのです。
Jibun no musume ga ôji no hanayome ni narubekida to omotte ita nodesu。

エリザは きょうだいたち の ことを わすれては いませんでした。
エリザは 兄弟 達 の事 を 忘れて は いませんでした。
Eriza wa kyôdai tachi no koto o wasurete wa imasen deshita。

まいばん シャツを あみ つづけたのです。
毎晩 シャツを 編み 続けた のです。
Maiban shatsu o ami tsuzuketa nodesu。

ある夜、新鮮な刺草を採りに墓地へ出かけて行きました。
Aru yo、shinsen na irakusa o tori ni bochi e dekakete ikimashita。

その時、宝物係がこっそりエリザを見ていました。
Sonotoki、takaramono gakari ga kossori eriza o mite imashita。

王子が狩りに出かけると直ぐ、宝物係はエリザを牢屋に入れて
Ôji ga kari ni dekakeru to sugu、takaramono gakari wa eriza o rôya ni irete

しまいました。
shimaimashita。

エリザは魔女で、夜に他の魔女と会っていると言うのです。
Eriza wa majo de、yoru ni hoka no majo to atte iru to iu nodesu。

夜明けに見張りがエリザを迎えに来ました。
Yoake ni mihari ga eriza o mukae ni kimashita。

市の立つ広場で火あぶりにされる事になっていました。
Ichi no tatsu hiroba de hiaburi ni sareru koto ni natte imashita。

エリザが広場に着くや否や、何処からともなく十一羽の真っ白な
Eriza ga hiroba ni tsuku ya inaya、doko kara tomo naku jûichi wa no masshirona

白鳥が飛んで来ました。エリザは素早く一羽一羽に
hakuchô ga tonde kimashita。Eriza wa subayaku ichiwa ichiwa ni

刺草のシャツを投げ掛けました。やがて、兄弟達は
irakusa no shatsu o nagekakemashita。Yagate、kyôdai tachi wa

みんな にんげん の すがた に もどって、エリザの まえに たっていました。
みんな 人間　　の 姿　　に 戻って、　エリザの 前　に 立っていました。
minna ningen　　no sugata ni modotte、eriza　no mae ni tatte　imashita。

いちばん すえの きょうだいだけは シャツが できあがらなかったので、
一番　　末 の 兄弟　　　だけは シャツが 出来上がらなかったので、
Ichiban　sue no kyôdai　　dake wa shatsu ga dekiagaranakatta　　node、

かたほうの うで が まだ つばさ の まま でした。
片方　　の 腕 が まだ 翼　　のまま　でした。
katahô　　no ude ga mada tsubasa no mama deshita。

エリザたちが まだ、だきあったり キスしたりして よろこんでいたとき、おうじが
エリザ達　 が まだ、抱き合ったり キスしたりして 喜んで　 いた時、王子　が
Eriza　tachi ga mada、dakiattari　　kisushitari shite yorokonde ita　toki、ôji　 ga

もどってきました。エリザは やっと おうじに いままでの ことを
戻って　来ました。エリザは やっと 王子　に 今まで　の 事　を
modotte kimashita。　Eriza wa　yatto　ôji　　ni imamade no koto o

のこらず はなす ことが できました。
残らず　 話す　ことが 出来ました。
nokorazu hanasu koto ga dekimashita。

おうじ は わるい たからもの がかりを ろうやに いれました。
王子　は 悪い　宝物　　　係　を 牢屋 に 入れました。
Ôji　　wa warui　takaramono gakari o rôya　ni iremashita。

それから、なのかかん、けっこんしき が とりおこなわれました。
それから、七日間、　　結婚式　　　が 執り行わ　　れました。
Sorekara、　nanokakan、kekkonshiki ga toriokonawa　remashita。

　　　　　　めでたし めでたし。
　　　　　　愛でたし 愛でたし。
　　　　　　Medetashi medetashi。

ローマ字一覧表　ヘボン式
Rômaji Table (Hepburn System)

ひらがな　Hiragana

あ a	い i	う u	え e	お o			
か ka	き ki	く ku	け ke	こ ko	きゃ kya	きゅ kyu	きょ kyo
さ sa	し shi	す su	せ se	そ so	しゃ sha	しゅ shu	しょ sho
た ta	ち chi	つ tsu	て te	と to	ちゃ cha	ちゅ chu	ちょ cho
な na	に ni	ぬ nu	ね ne	の no	にゃ nya	にゅ nyu	にょ nyo
は ha	ひ hi	ふ fu	へ he	ほ ho	ひゃ hya	ひゅ hyu	ひょ hyo
ま ma	み mi	む mu	め me	も mo	みゃ mya	みゅ myu	みょ myo
や ya		ゆ yu		よ yo			
ら ra	り ri	る ru	れ re	ろ ro	りゃ rya	りゅ ryu	りょ ryo
わ wa				を o			
ん n							
が ga	ぎ gi	ぐ gu	げ ge	ご go	ぎゃ gya	ぎゅ gyu	ぎょ gyo
ざ za	じ ji	ず zu	ぜ ze	ぞ zo	じゃ ja	じゅ ju	じょ jo
だ da	ぢ ji	づ zu	で de	ど do			
ば ba	び bi	ぶ bu	べ be	ぼ bo	びゃ bya	びゅ byu	びょ byo
ぱ pa	ぴ pi	ぷ pu	ぺ pe	ぽ po	ぴゃ pya	ぴゅ pyu	ぴょ pyo

カタカナ Katakana

ア a	イ i	ウ u	エ e	オ o			
カ ka	キ ki	ク ku	ケ ke	コ ko	キャ kya	キュ kyu	キョ kyo
サ sa	シ shi	ス su	セ se	ソ so	シャ sha	シュ shu	ショ sho
タ ta	チ chi	ツ tsu	テ te	ト to	チャ cha	チュ chu	チョ cho
ナ na	ニ ni	ヌ nu	ネ ne	ノ no	ニャ nya	ニュ nyu	ニョ nyo
ハ ha	ヒ hi	フ fu	ヘ he	ホ ho	ヒャ hya	ヒュ hyu	ヒョ hyo
マ ma	ミ mi	ム mu	メ me	モ mo	ミャ mya	ミュ myu	ミョ myo
ヤ ya		ユ yu		ヨ yo			
ラ ra	リ ri	ル ru	レ re	ロ ro	リャ rya	リュ ryu	リョ ryo
ワ wa				ヲ o			
ン n							
ガ ga	ギ gi	グ gu	ゲ ge	ゴ go	ギャ gya	ギュ gyu	ギョ gyo
ザ za	ジ ji	ズ zu	ゼ ze	ゾ zo	ジャ ja	ジュ ju	ジョ jo
ダ da	ヂ ji	ヅ du	デ de	ド do			
バ ba	ビ bi	ブ bu	ベ be	ボ bo	ビャ bya	ビュ byu	ビョ byo
パ pa	ピ pi	プ pu	ペ pe	ポ po	ピャ pya	ピュ pyu	ピョ pyo

Barbara Brinkmann föddes i München (Tyskland) år 1969. Hon studerade arkitektur i München och arbetar för närvarande vid Institutionen för Arkitektur vid München tekniska universitet. Hon arbetar också som grafisk formgivare, illustratör och författare.

Cornelia Haas föddes 1972 nära Augsburg (Tyskland). Efter utbildningen som skylt- och ljusreklamtillverkare studerade hon design vid Münster yrkeshögskola och utexaminerades som diplom designer. Sedan 2001 illusterar hon barn- och ungdomsböcker, sedan 2013 undervisar hon i akryl- och digitalmålning vid Münster yrkeshögskola.

Marc Robitzky, born in 1973, studied at the Technical School of Art in Hamburg and the Academy of Visual Arts in Frankfurt. He works as a freelance illustrator and communication designer in Aschaffenburg (Germany).

Ulrich Renz föddes 1960 i Stuttgart (Tyskland). Efter att ha studerat fransk litteratur i Paris tog han läkarexamen i Lübeck och var chef för ett vetenskapligt förlag. Idag är Renz frilansförfattare, förutom faktaböcker skriver han barn- och ungdomsböcker.

Gillar du att måla?

Här kan du hitta bilderna från berättelsen för färgläggning:

www.sefa-bilingual.com/coloring

www.ingramcontent.com/pod-product-compliance
Lightning Source LLC
LaVergne TN
LVHW070438080526
838202LV00035B/2662